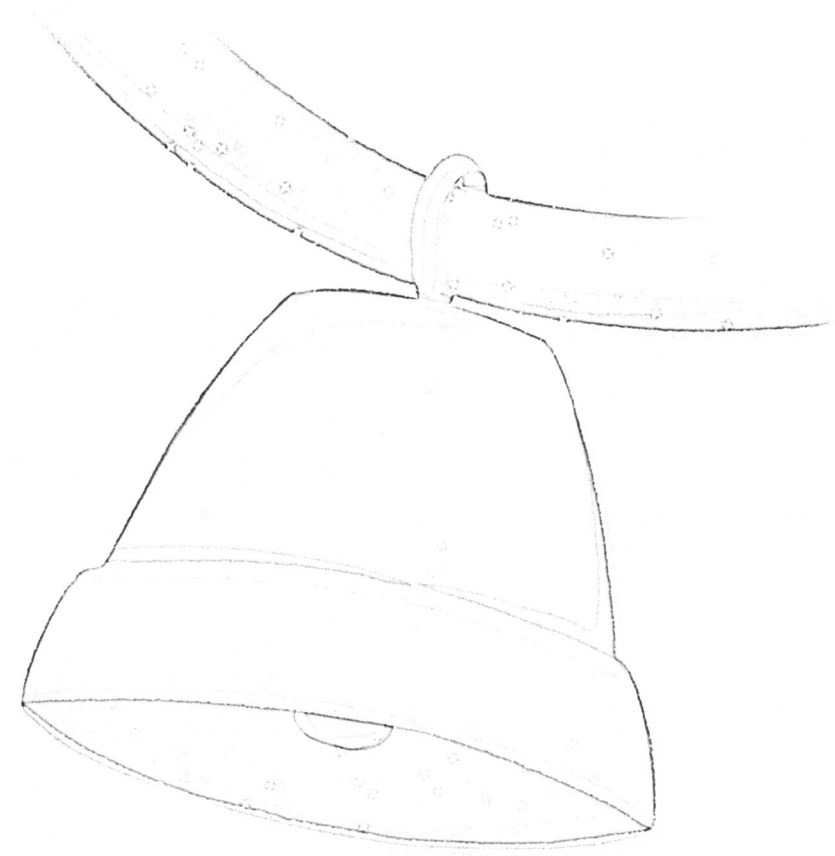

Andrew Thiriot™
B o o k s
andrewthiriot.com

NATAL

COM O

MENINO JESUS

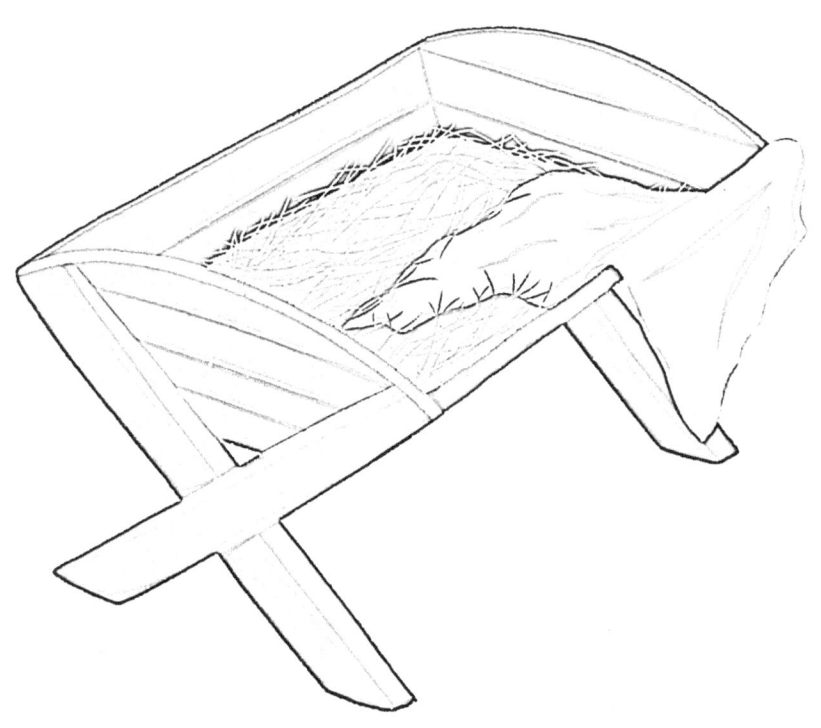

por Andrew Thiriot

ilustrações de Lilla Vincze

Todos os animais estão esperando...

Uma pomba
arrulha
"CRUU-CRUU,
CRUU-CRUU"

Com pequenas
penas brancas

Um burro zurra
"I-Ó, I-Ó"

Com pele e
pêlo cinza

Uma vaca muge "MUU, MUU"

Marrom, com manchas brancas

Um cordeiro bale "BÉÉ, BÉÉ"

Com lã branca encaracolada

Um bebê chora
"BUÁÁ, BUÁÁ"

Lindo,
resplandecente
e fofinho

*Uma pequena estrela brilha "CINTILA-CINTILA, CINTILA-CINTILA"

Um sinal de nosso Pai Celestial

JESUS NASCEU

Porque Deus amou o mundo
de tal maneira,
que deu o seu
Filho Unigênito,
para que todo aquele
que nele crê
não pereça,
mas tenha a vida eterna.

João 3:16

Sobre o Autor

Andrew Thiriot produziu música
e canções para crianças e adultos.
Ele ama o milagre e a paz
do Natal.

Visite-o em andrewthiriot.com

Sobre o Ilustrador

Lilla Vincze ilustrou
muitos livros infantis.
Ela adora passar o tempo com seus amigos.
e família, principalmente no Natal.

Visite-a no Instagram: @lillu_stration

Também disponível em:

Livro de colorir
Ligue os pontos
Múltiplos idiomas
Capa dura
Livro de bolso
E-book
Áudio-livro
Video do Livro

*Visite youtube.com/c/andrewthiriot

Gostaríamos muito de ouvir de você

Escreva-nos visitando: andrewthiriot.com

Dias Especiais
com Pessoas Especiais™
A Série

De feriados históricos e religiosos à
divertidas celebrações familiares.

Descubra as pessoas que tornam a
vida memorável.

Leia em voz alta com as crianças
pequenas.

Uma série de livros infantis ilustrados e colori-
dos para lerem em voz alta ou desfrutarem em
reflexão silenciosa.

Próximo livro
andrewthiriot.com/special